ODILON REDON,
UN ARTISTE INCLASSABLE

— Des Noirs au chant de la couleur

par Coline Franceschetto

50MINUTES

Avec la collaboration de Corinne Durand

50MINUTES

CULTIVEZ-VOUS
SANS MODÉRATION !

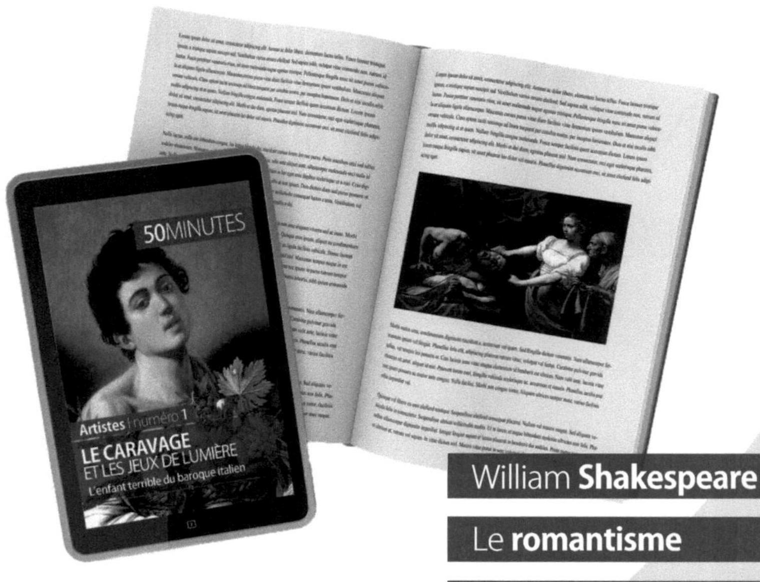

William **Shakespeare**

Le **romantisme**

Gustav **Klimt**

Eugène **Delacroix**

Victor **Hugo**

www.50minutes.com

ODILON REDON

- **Nom ?** Odilon Redon, né Bertrand Jean Redon.
- **Naissance ?** Né le 22 avril 1840 à Bordeaux.
- **Mort ?** Décédé le 6 juillet 1916 à Paris.
- **Contexte ?** La naissance de l'impressionnisme, avec lequel Odilon Redon garde ses distances, développant un art original.
- **Œuvres majeures ?**
    - *L'araignée, elle sourit, les yeux levés* (1881)
    - *L'œil comme un ballon bizarre se dirige vers l'infini* (1882)
    - *Les Yeux clos* (1890)
    - *Le Char d'Apollon* (1905-1914)
    - Les décors de l'abbaye de Fontfroide (1900-1912)
    - *Tête sur tige – La Fleur étrange – La Petite Sœur des pauvres* (s.d.)

Issu de la même génération que Paul Cézanne (1839-1906), Claude Monet (1840-1926) ou encore Pierre-Auguste Renoir (1841-1919) qui, chacun à leur manière, partent à la conquête du monde réel par l'étude en extérieur de la couleur, de la lumière et des formes, Odilon Redon, quant à lui, revendique l'existence d'une double réalité : celle de la vie réelle et celle de l'intériorité, selon lui indissociables. Cette indépendance dans son travail le fait se tenir à l'écart de tout mouvement esthétique.

D'une personnalité très sensible et d'une timidité presque maladive, l'artiste apprend très vite à apprivoiser sa solitude et s'invente un univers propre fait de visions intérieures. Son art se caractérise par un côté énigmatique et ambigu : il renvoie au rêve, au mystère ou encore au cauchemar et à l'angoisse qui se cachent derrière les apparences, aussi rassurantes soient-elles. Sa manière unique de voir le monde donne lieu à des œuvres d'une grande profondeur poétique dans lesquelles Odilon Redon met « la logique du visible au service de l'invisible ».

Son parcours est atypique mais réfléchi : il se caractérise par des ruptures et des contrastes qui font se succéder à une première production de fusains et de lithographies qu'il appelle « les Noirs » une seconde production d'œuvres tardives qui exploitent la couleur d'une façon tout à fait inhabituelle grâce à l'utilisation du pastel et de la peinture à l'huile.

UNE ÉPOQUE MOUVEMENTÉE

Si l'époque à laquelle vit Odilon Redon est marquée par de fortes agitations sociales et politiques, celles-ci n'ont cependant qu'une faible influence sur son art. La révolution de 1848 met un terme à la monarchie de Juillet (1830-1848), dirigée par Louis-Philippe Ier (1773-1850), et marque l'avènement de la IIe République (1848-1851). Mais la stabilité est de courte durée : Louis-Napoléon Bonaparte (1808-1873), président de la IIe République, réalise un coup d'État le 2 décembre 1851 et instaure dès l'année suivante le Second Empire (1852-1870). Devenu Napoléon III, il se lance dans une série de conquêtes ambitieuses, jusqu'à sa défaite contre la Prusse, en septembre 1870, qui sonne le glas du prestige impérial. Suite à l'insurrection populaire de la Commune (1871), la IIIe République voit le jour et perdurera pendant près d'un siècle.

À ces troubles politiques s'ajoute la révolution industrielle qui, née en Angleterre à la fin du XVIIIe siècle, transforme rapidement le visage de la France : l'agriculture passe au second plan au profit de l'industrie et, d'une société essentiellement agraire, le pays passe à une société urbaine industrialisée. Ces changements engendrent de fortes agitations sociales et donnent naissance aux mouvements syndicaux. En effet, si l'industrialisation est synonyme d'amélioration du niveau de vie, c'est surtout vrai pour la bourgeoisie et le peuple se sent lésé. Mais l'industrialisation a également des conséquences sur les sciences, qui connaissant de grandes avancées.

DE GRANDES AVANCÉES SCIENTIFIQUES

La deuxième moitié du XIXe siècle rime en effet avec de nombreux progrès techniques et d'importantes découvertes scientifiques, notamment en ce qui concerne la faune et la flore, vulgarisées par les revues contemporaines : on voit apparaître une classification des plantes, de nouvelles espèces animales sont découvertes et les techniques d'étude au microscope se spécialisent. Le microcosme révèle toute sa splendeur et séduit de nombreux artistes et hommes de lettres. Odilon Redon, indifférent à la politique, n'est pas en reste. On voit alors apparaître une nouvelle vague de caricaturistes et d'illustrateurs fortement inspirés par les récentes découvertes. Par exemple, Redon s'inspire, dans le bestiaire d'êtres hybrides caractéristiques de sa première production de lithographies, des recueils lithographiés de Grandville (1803-1847), dont *Un autre monde* (1844) et *Les Fleurs animées* (1847).

L'heure est donc au positivisme et au matérialisme, qui accordent la primauté à la science. Par conséquent, on assiste à une déchristianisation générale de la société qui aboutira, à l'aube du XXe siècle, à la séparation définitive entre l'Église et l'État français. Mais cette évolution engendre parallèlement l'éclosion d'un idéalisme nouveau chez certains artistes et hommes de lettres qui, en proie à des sentiments d'angoisse et de nostalgie, s'interrogent sur le sens premier et profond de la vie. À la recherche d'autres repères et d'une spiritualité nouvelle, ils créent des œuvres où l'imaginaire prend le dessus sur le réel et puisent dans de nouvelles sources d'inspiration.

LE POSITIVISME ET LE MATÉRIALISME

Le positivisme, inventé par Auguste Comte (1798-1857), désigne un système de pensée qui fonde la connaissance sur l'expérience, réfutant toute notion métaphysique. Seules comptent la science et l'objectivité. Le matérialisme est quant à lui une philosophie qui affirme la primauté de la matière sur l'esprit, rejetant également la transcendance.

ENTRE SYMBOLISME ET IMPRESSIONNISME

Alors que les peintres impressionnistes contemporains d'Odilon Redon décident de représenter la nature et la vie moderne par une approche nouvelle de la couleur et de la lumière, développant la peinture en extérieur, dite « sur le motif », Odilon Redon se tourne quant à lui vers l'imaginaire, le fantastique et le rêve. Il reproche aux impressionnistes, entre autres, leur manque de spiritualité : leur art, bien que s'éloignant de la reproduction fidèle du réel, reste selon lui trop terre-à-terre.

Mais si sa production se distingue clairement de celle des impressionnistes, elle présente en revanche de nombreuses similitudes avec celle des symbolistes. Par conséquent, Odilon Redon est souvent assimilé à ce mouvement de dimension internationale qui voit le jour à la fin du XIXe siècle, avec des peintres tels que, pour la France, Pierre Puvis de Chavanne (1824-1898) ou Gustave Moreau (1826-1898). Les symbolistes, plutôt que de représenter la réalité immédiate, se tournent vers les thèmes mythologiques et religieux, et confèrent à leurs œuvres une orientation métaphysique, à l'instar de Redon. Ils recourent abondamment aux symboles afin de représenter l'invisible. Pourtant, malgré ces points communs, l'art d'Odilon Redon se différencie de celui des symbolistes en ce qu'il est une recherche plus approfondie de l'inconscient. Cela se traduit par des compositions et des figures plus étranges et plus mystérieuses qui annoncent déjà, par certains aspects, la peinture surréaliste. Ainsi, l'art d'Odilon Redon reste définitivement inclassable.

BIOGRAPHIE

L'APPRENTISSAGE DE LA SOLITUDE

C'est le 22 avril 1840 qu'Odilon Redon voit le jour à Bordeaux. Il est le second fils de Marie-Odile Guérin et de Bertrand Jean Redon. Si Redon craint son père, étonnamment, c'est ce dernier qui fait naître chez lui l'amour de l'imaginaire en lui faisant observer les nuages et leurs formes changeantes. Peu après sa naissance, l'enfant, à la santé très délicate (il souffre de crises d'épilepsie), est placé en nourrice à la campagne, avant d'être confié à son oncle. Il passe les dix premières années de sa vie loin de sa famille, dans le domaine familial de Peyrelebade, dans le Médoc. Cet éloignement a un impact considérable sur le caractère d'Odilon Redon, d'autant plus que le domaine de Peyrelebade est isolé dans une région mélancolique source d'angoisse et d'inquiétude pour le jeune garçon. Malgré cela, il viendra s'y ressourcer tous les étés jusqu'à sa vente en 1899.

Ne fréquentant pas l'école, séparé de ses frères et sœurs et livré à lui-même, Odilon Redon vit une enfance marquée par la solitude. Il se réfugie alors dans un monde imaginaire peuplé de rêves qu'il mettra au service de son art. En effet, bien avant de savoir lire, le jeune garçon manie admirablement bien le crayon et réalise de nombreux dessins au caractère énigmatique, sensible et mélancolique. En 1851, il rentre à Bordeaux, où il est placé en pension.

LES PREMIÈRES EXPÉRIENCES ARTISTIQUES

Mais l'adolescent timide et introverti qu'il est s'ennuie à l'école. En 1855, il est autorisé à suivre, les jours de sortie, un cours de dessin auprès du peintre Stanislas Gorin (1824-1874), aquarelliste renommé et artiste dans l'âme. Ce dernier a été l'élève d'Eugène Isabey (1804-1886), un peintre romantique bordelais. Accompagné de son professeur, Odilon Redon visite de nombreux Salons et admire les toiles de Jean-Baptiste Camille Corot (1796-1875), Eugène Delacroix (1798-1863), Jean-François Millet (1814-1875) ou encore Gustave Moreau, qui le touche particulièrement.

À 17 ans, ses parents l'obligent à suivre des études d'architecture. La même année, en 1857, il rencontre Armand Clavaud (1828-1890), un botaniste qui lui fait découvrir la littérature – notamment Edgar Allan Poe (1809-1849), Charles Baudelaire (1821-1867) et Gustave Flaubert (1821-1880) – et les sciences naturelles. Il lui apprend aussi à utiliser le microscope pour approcher l'infiniment petit. En 1864, Redon se détourne de sa formation d'architecte et est admis à l'atelier libre du peintre Jean-Léon Gérôme (1824-1904), à Paris. Cette expérience est désastreuse : le jeune artiste ne répond pas aux attentes du professeur, trop académique. Redon se dit même « torturé » par ce dernier, « qui ne cherche « visiblement [qu']à [lui] inculquer sa propre manière de voir et à en faire un disciple, ou à [le] dégoûter de l'art même » (REDON (Odilon), *À soi-même*, Paris, Éditions José Corti, 1961, p. 23-24). Le jeune homme rentre alors à Bordeaux en 1863 et y fait la connaissance de Rodolphe Bresdin (1822-1885), artiste graveur romantique et rêveur. Cette rencontre sera déterminante dans la formation du jeune homme. En effet, il enseigne à Odilon Redon la gravure ainsi que la lithographie et ce, comme le dit ce dernier, « avec le plus grand souci de [s]on indépendance ». Il lui apprend aussi à porter un autre regard sur le monde, alliant l'imaginaire, le rêve et l'étrange.

LA NAISSANCE D'UNE VOCATION

En 1870, lorsque l'Allemagne envahit la Lorraine, Odilon Redon participe à la campagne de France, destinée à reconquérir l'Est du pays. À son retour, il affirme avoir trouvé sa véritable vocation : l'art. Il s'installe à Paris en 1872, et se met à fréquenter les salons musicaux et littéraires.

Dès 1873, il entre dans sa grande période créatrice et, à partir de 1875, un an après la mort de son père, il se met à travailler ce qu'il appelle ses « Noirs » – des lithographies, des eaux-fortes et des fusains. Ses œuvres dépeignent un univers à la fois funeste, fantasque et horrible. Rapidement, il trouve des admirateurs et publie, en 1879, son premier album de lithographies, *Dans le rêve*. Un an plus tard, il épouse Camille Falte (1853-1923), une jeune Créole au caractère affirmé qui devient son agent. En effet, Odilon Redon est d'une timidité excessive, un trait de caractère dont il souffre énormément et qui l'isole du monde extérieur. Plus d'une dizaine de suites lithographiques, tirées à 25 ou à 50 exemplaires, voient le jour entre 1879 et 1899, dont l'album *À Edgar Poe* (1882), *Les Origines* (1883) ou encore *L'Hommage à Goya* (1885).

En 1884, il crée avec d'autres artistes le premier Salon des indépendants, dont il devient le président. Deux ans plus tard, en 1886, il participe à la dernière exposition impressionniste à Bruxelles et publie l'album *La Nuit*. Jean, le premier fils du couple Redon, naît la même année, mais il ne vit que six mois. Son décès prématuré affecte profondément l'artiste qui écrit : « [...] l'affection d'un père est la création même de son enfant : c'est sa prise, sa conquête, son triomphe. Et cette attache infinie – qui est une certitude – est un mystère quand elle se brise. » (REDON (Odilon), *À soi-même, op. cit.*, p. 89) Ce n'est que deux ans et demi plus tard, en 1889, que naît leur second fils, Arï Redon (1889-1972), qui travaillera inlassablement à la reconnaissance de l'œuvre de son père, qui entrera au musée d'Orsay en 1980.

LE SALON DES INDÉPENDANTS

Organisé par la Société des artistes indépendants, le Salon des indépendants est un salon annuel ou biannuel organisé en marge du Salon officiel. Les artistes qui y participent sont pour la plupart des artistes « refusés » du Salon et dont l'art ne correspond pas aux critères stricts de l'Académie, qui régit l'art de l'époque. Il s'adresse à tous les artistes, tant français qu'étrangers, désireux d'exposer librement leurs œuvres. La première édition a lieu en décembre 1884 sous la présidence d'Odilon Redon. Y participent, à titre d'exemple, Paul Cézanne, Vincent Van Gogh (1853-1890), George Seurat (1859-1891) et Pierre Bonnard (1867-1947).

L'HEURE DU SUCCÈS

La naissance d'Arï correspond à l'arrivée du chromatisme dans les œuvres de Redon. En effet, dès 1890, ce dernier commence à travailler au pastel et découvre les charmes de la couleur, qu'il maîtrise rapidement et décline à merveille. Il est alors âgé de 50 ans. De cette époque datent une série de portraits au pastel, dont *Madame Arthur Fontaine* (1901), ainsi que des œuvres à thématique mythologique, notamment *La Naissance de Vénus* (1912), ou religieuse, comme *Le Sacré-Cœur* (1910). La même année, en 1890, Redon interprète, dans une série d'illustrations, *Les Fleurs du mal* (1857), de Baudelaire, et peint son célèbre tableau *Les Yeux clos*. Il publie par ailleurs de nombreux albums : *Les Songes*, *La Maison hantée* ou encore *La Tentation de saint Antoine*, et expose chez Paul Durand-Ruel (1831-1922), un important marchand d'art et grand promoteur des impressionnistes.

En 1898, Odilon Redon expose chez Ambroise Vollard (1866-1939), le marchand d'art qui a notamment révélé Paul Cézanne, Paul Gauguin (1848-1903) et Henri Matisse (1869-1954), puis, en 1899, il publie son dernier album, *L'Apocalypse de saint Jean* et expose à nouveau chez Durand-Ruel. Dès 1901, il réalise des œuvres de plus grandes dimensions, des décorations d'intérieur qui sont souvent des commandes de particuliers. Les plus connues sont celles de la manufacture des Gobelins (1908) et de l'abbaye de Fontfroide, dans l'Aude, pour laquelle l'artiste réalise les grands panneaux *Le Jour* et *La Nuit* (1910-1911), souvent considérés comme l'aboutissement de toute son œuvre.

Après sa mort en 1916, sa famille rassemble une grande partie de ses écrits (journal, notes autobiographiques, critiques) dans un volume posthume intitulé *À soi-même* (1922).

CARACTÉRISTIQUES

LES NOIRS

Convaincu que l'art ne doit pas représenter ce que l'artiste voit, mais plutôt ce qu'il ressent, Odilon Redon crée des œuvres qui outrepassent la réalité tangible et paraissent purement visionnaires. Il s'agit de véritables voyages jusqu'aux limites de l'inconscient, laissant entrevoir des univers ténébreux et des rêves angoissés ou, plus tard, des visions lyriques et extatiques.

La production artistique d'Odilon Redon se répartit en deux grandes périodes bien distinctes. Dès 1870 et pendant plus de 20 ans, l'artiste produit une série d'œuvres qu'il nomme « les Noirs » ou « mes ombres ». Celles-ci mettent en scène des personnages fantasmagoriques, étranges ou hybrides dans un monde imaginaire sombre et mélancolique qui suggère le cauchemar. La couleur est totalement absente, le noir domine. Contrairement à la conception traditionnelle, Redon considère que cette couleur présente une infinité de variantes qu'il met au service de son iconographie. Mais cet attrait pour le noir est également motivé par son admiration pour les clairs-obscurs de Rembrandt (1606-1669) et le *sfumato* (procédé pictural consistant à produire un effet vaporeux autour des corps, suite à la superposition de plusieurs couches de peinture) de Léonard de Vinci (1452-1519). Ainsi, dans ses œuvres, Redon développe une grande maîtrise de ces deux techniques qui lui permettent de donner de la matière et du volume à ses figures, mais également de créer une ambiance particulière.

Les techniques utilisées sont la lithographie, la gravure et le fusain, que Redon affectionne tout particulièrement. Dans une lettre adressée à Edmond Picard, il écrit, au sujet du fusain :

> Vers 1875, tout m'arriva sous le crayon, sous le fusain, cette poudre volatile, impalpable, fugitive sous la main. Et c'est alors que ce moyen, parce qu'il m'exprimait mieux, me resta. Cette matière quelconque, qui n'a aucune beauté en soi, facilitait bien mes recherches du clair-obscur et de l'invisible. C'est une matière mal vue des artistes, et négligée. Que je le dise pourtant, le fusain ne permet pas d'être plaisant, il est grave. On ne peut tirer bon parti de lui qu'avec le sentiment même. (Lettre à Edmond Picard, in *L'Art moderne*, Bruxelles, 14e année, n° 35, 25 août 1894)

LA LITHOGRAPHIE ET LA GRAVURE

La lithographie consiste à reproduire par impression des dessins tracés avec une encre grasse ou un crayon gras sur une pierre calcaire. Une fois le dessin effectué sur la pierre, le trait est gommé tandis que le corps gras de l'encre ou du crayon reste imprégné dans la pierre. Cette dernière est ensuite humidifiée à l'aide d'une éponge : l'eau est absorbée par les parties exemptes de corps gras et repoussée par les parties grasses. Enfin, on encre le tout : là où l'eau a pénétré la pierre, l'encre est repoussée, là où le corps gras s'est imprégné, l'encre se dépose. Le dessin apparaît alors et il ne reste qu'à poser une feuille de papier et à passer le tout à la presse.

Quant à la gravure, il s'agit de l'ensemble des techniques qui permettent la reproduction d'un dessin. Le principe de la gravure est la réalisation d'une matrice gravée qui est ensuite transposée sur papier après avoir été encrée. L'œuvre obtenue se nomme l'estampe ou tirage.

L'INTRODUCTION DE LA COULEUR

La deuxième phase de l'artiste, qui débute aux alentours de 1890, se caractérise par l'introduction de la couleur, jusque-là réservée à des œuvres qui ne quittent pas son atelier, parmi lesquelles des paysages. L'art de Redon subit alors une profonde métamorphose, comme si l'artiste s'était libéré des angoisses de son passé. Ce changement radical s'explique notamment par la naissance de son fils Arï, mais aussi par la crise spirituelle que traverse l'artiste à cette époque et qui lui révèle le passage « de la nuit au jour ».

Si la couleur se fait d'abord discrète et pâle, tout en étant harmonieuse, elle devient au fil du temps de plus en plus affirmée et est appliquée par tons purs. Dans les dernières compositions de l'artiste, la peinture se fait chant, comme si elle représentait une mélodie transposée sur la toile. Cet emploi de la couleur pure aura une forte influence sur les nabis et les fauves, qui voient Odilon Redon comme un précurseur.

Par ailleurs, c'est au cours de cette deuxième période que les motifs mythologiques, religieux, philosophiques et floraux font leur apparition dans l'œuvre de Redon – même si, jusqu'en 1900, l'artiste ne fait que transposer en couleurs les thèmes de ses Noirs. De sa production se dégage un sentiment général de sérénité et de bien-être, traduit par le symbolisme des couleurs. En effet, selon Redon, chaque couleur renvoie, en termes visuels, à une impression intime. Autrement dit, il existe une association mentale entre les couleurs et les sentiments : à chaque couleur correspond un état d'âme. En cela, Redon se rattache clairement à la démarche des symbolistes.

Enfin, notons que l'artiste abandonne le fusain au profit du pastel et de la peinture à l'huile. Grâce au pastel, il parvient à donner à ses compositions une ambiance vaporeuse dans laquelle personnages et formes présentent des contours flous et brumeux qui accentuent le côté onirique des œuvres.

UNE NATURE PEUPLÉE D'IMAGES-SYMBOLES

Alors que les impressionnistes s'attachent à représenter la nature par des procédés que l'on peut encore qualifier de réalistes, Odilon Redon opte pour une tout autre solution. Aidé par les nouvelles découvertes scientifiques et par sa rencontre avec le botaniste Clavaud, il nous donne à voir une interprétation personnelle de la nature, dans laquelle imaginaire et réalité se confondent. Si l'artiste s'inspire du monde réel, il s'attache toutefois non au visible, mais à l'invisible, cherchant à saisir le côté fantastique de la nature, en quête de ses formes les plus étranges. Si la nature qu'il représente a, dans un premier temps, des accents réalistes en version clair-obscur, dans la deuxième phase de sa carrière, et plus encore dans ses productions tardives, elle se laisse admirer dans toute sa splendeur colorée.

Par ailleurs, l'œuvre d'Odilon Redon est peuplée d'images-symboles récurrents, notamment l'œil, la sphère, les visages féminins, les femmes, la barque, les fleurs, les papillons, les cyclopes, les chimères ou encore les personnages chrétiens ou mythologiques. L'œil, en particulier, représente le lien entre le monde visible et le monde invisible, entendu ici comme le monde intime. Les visages, dont la plupart sont détachés de leur corps – il s'agit dans la majorité des cas de têtes coupées qui peuvent renvoyer à saint Jean-Baptiste, qui mourut décapité, ou à la conception chrétienne selon laquelle l'âme est distincte du corps –, sont souvent représentés de profil ou de trois quarts. S'ils sont représentés de face, leurs yeux sont alors clos.

Certains de ces motifs sont liés à l'histoire familiale du peintre, à l'instar de celui de la barque. Odilon Redon aimait en effet raconter qu'il serait né en pleine mer, dans un lieu sans patrie, sur le bateau ramenant ses parents en France. Cela expliquerait selon lui sa solitude et son intérêt pour l'abîme de l'existence.

L'ARAIGNÉE, ELLE SOURIT, LES YEUX LEVÉS

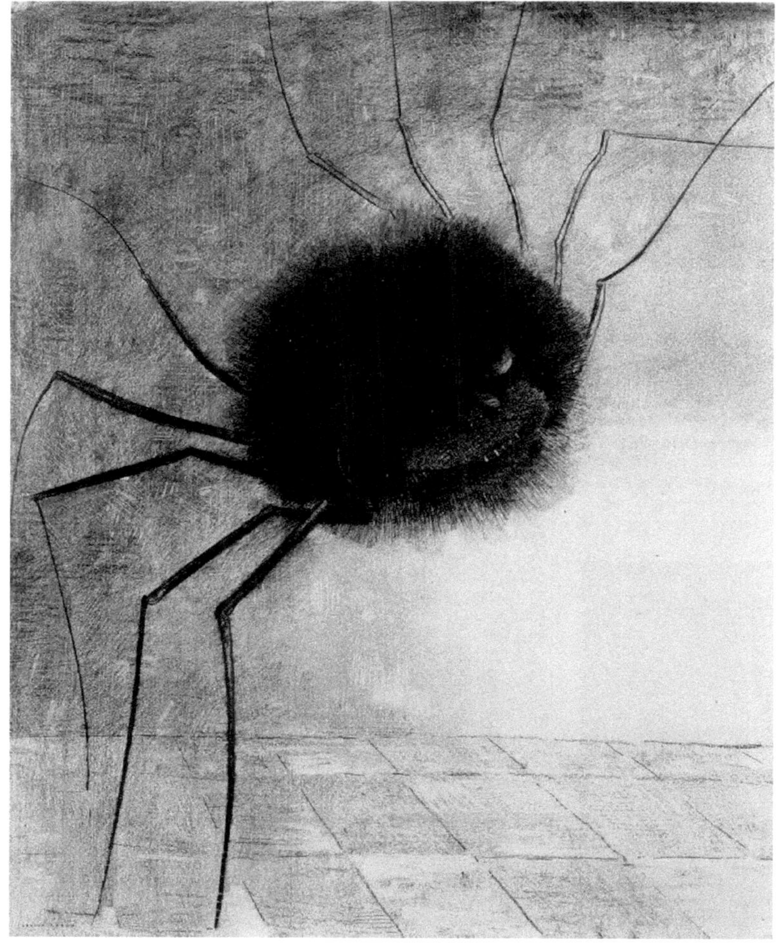

L'araignée, elle sourit, les yeux levés, 1881, fusain sur papier, 49,5 x 39 cm, Paris, musée d'Orsay.

Odilon Redon est particulièrement marqué par les découvertes scientifiques relatives à la faune, comme en témoigne ce dessin d'une araignée. Pourvu de dimensions exagérées et de dix pattes (au lieu de huit), et doté d'un sourire et d'yeux humains qui semblent surgir du simple sol carrelé, l'animal n'est pas représenté de manière réaliste. En effet, comme dans toutes ses productions, Redon explore ici la dimension fantastique du réel, nous donnant à voir un être hybride qui n'a guère de rapport avec une vraie araignée. Il transfigure la réalité pour créer un monde imaginaire qui lui est propre et apparaît comme la caractéristique majeure de son art.

Cette araignée peut aussi être vue comme une énorme tête détachée de son corps – un motif récurrent dans la série des Noirs – exprimant la méchanceté. Son sourire ironique et morbide semble confirmer cette hypothèse, et confère en même temps un côté macabre à l'ensemble du dessin.

Enfin, l'usage du fusain, que l'artiste maîtrise parfaitement, lui permet de créer certains effets de densité qui traduisent le volume du corps, des pattes et du fond carrelé. La même année, Redon réalise un pendant à cette vision anthropomorphe, sous le titre *Araignée qui pleure* (1881).

L'ŒIL COMME UN BALLON BIZARRE
SE DIRIGE VERS L'INFINI

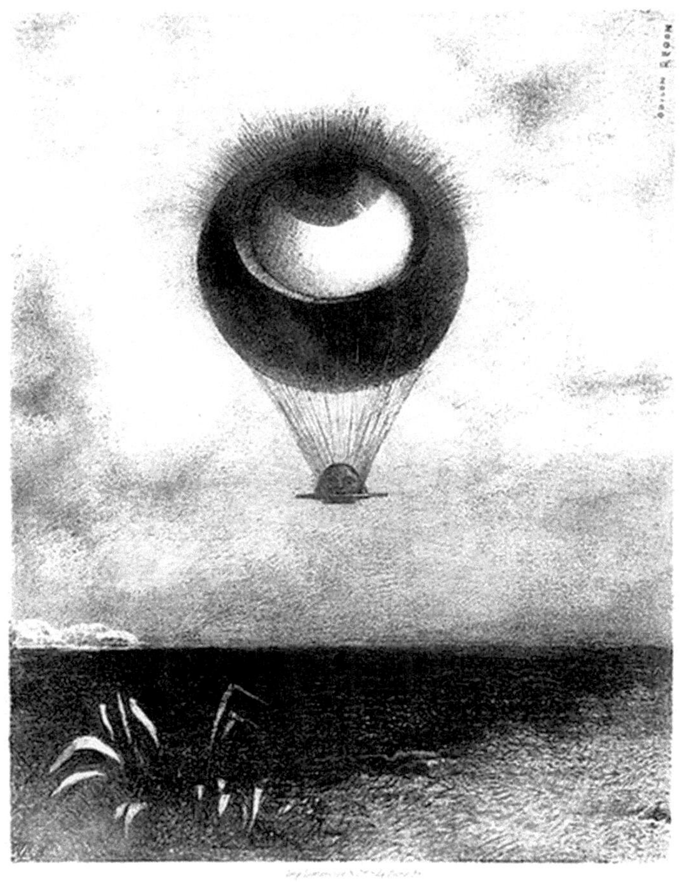

L'œil comme un ballon bizarre se dirige vers l'infini, 1882, lithographie sur chine appliqué sur vélin, 26,2 x 19,8 cm, Paris, Bibliothèque nationale de France, département des estampes et de la photographie.

Tiré de l'album de lithographies *À Edgar Poe*, en hommage à l'écrivain américain, l'œil représenté ici est peut-être inspiré des recherches sur l'embryonnaire cellulaire du biologiste Ernst Haeckel (1834-1919), traduites en français dans les années 1870.

Dans cette œuvre en noir et blanc, l'œil, immense, est traité indépendamment du corps flottant en apesanteur, la pupille tournée vers le ciel. Suspendu dans les airs, il est présenté sous la forme d'un ballon qui s'élève au-dessus de sa nacelle. Il ressemble à une tête coupée du reste du corps.

Le globe oculaire est parfaitement sphérique et occupe une position centrale qui obnubile et oblige le spectateur à fixer cette étrange vision ascendante sortie tout droit de l'inconscient de l'artiste. Quant au paysage, délimité par une bande horizontale qu'on retrouve fréquemment dans l'œuvre de Redon, il est tout à fait réaliste – il s'agit d'une étendue d'eau –, même s'il confère à l'ensemble de la composition une dimension spirituelle aux accents quelque peu inquiétants. Par ailleurs, le fait que l'œil soit tourné vers le haut rappelle l'iconographie chrétienne du martyr, les yeux levés vers le ciel. De manière plus personnelle, pour l'artiste, l'orientation de l'œil vers le ciel est une façon de permettre au surmoi de s'échapper dans l'infini de l'inconscient et de l'inavoué.

Cette vision ténébreuse est toutefois adoucie par la matière veloutée du fusain qui, en quelque sorte, envoûte et amène le spectateur à pénétrer dans les profondeurs d'une rêverie universelle. Ici, l'artiste réussit avec brio à mettre, comme il aime à le dire, « la logique du visible au service de l'invisible ».

Le surmoi et l'inconscient

Le surmoi est un concept psychanalytique élaboré par le père de la psychanalyse, Sigmund Freud (1856-1939). Il est considéré, avec le moi et le ça, comme l'une des trois instances de la personnalité. Il représente une partie du moi créée peu à peu depuis l'enfance par l'intériorisation des valeurs et des interdits de la société. En somme, il s'agit de la conscience morale de l'individu.

L'inconscient recouvre quant à lui les désirs et les impulsions qui nous sont inconnus et la plupart du temps inaccessibles, car refoulés par notre conscience. Il possède son propre fonctionnement et agit indépendamment de notre conscience.

LES YEUX CLOS

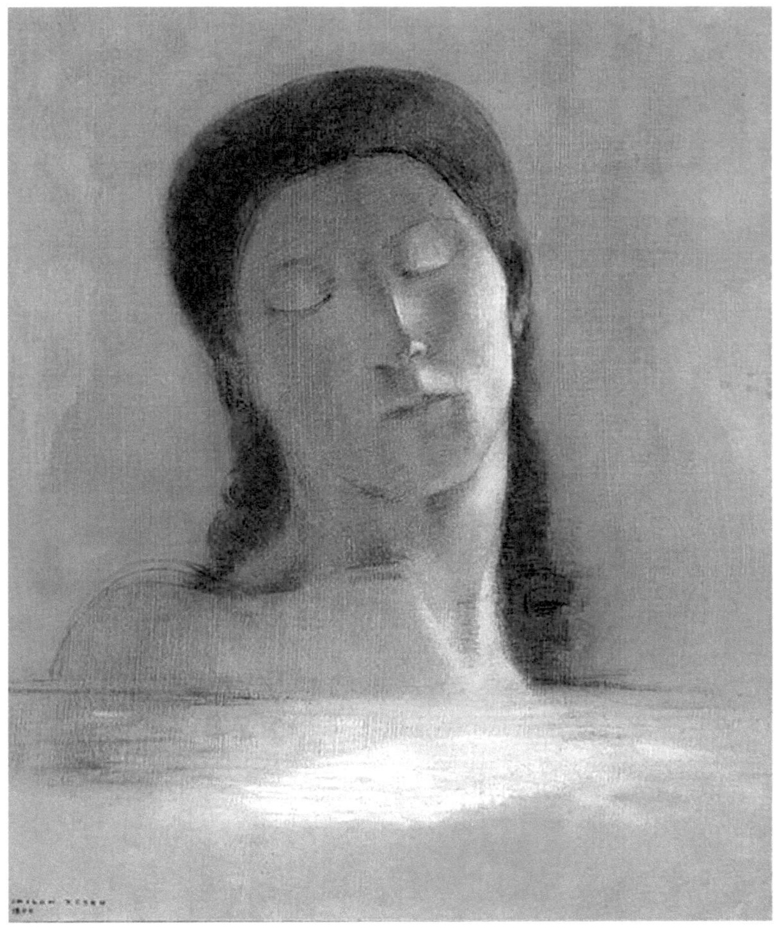

Les Yeux clos, 1890, huile sur toile marouflé sur carton, 44 x 36 cm, Paris musée d'Orsay.

Cette toile marque le passage de l'artiste du noir à la couleur. La peinture est intimiste et, bien que laissant encore émaner une certaine mélancolie, elle dégage toutefois un sentiment de sérénité complètement absent des œuvres antérieures de Redon. Ainsi, elle semble illustrer le moment de réflexion de l'artiste – presque apparenté à une contemplation –, qui s'apprête à s'orienter dans une nouvelle voie picturale. Les yeux fermés du visage appuient cette interprétation. Le personnage semble dans l'attente, en écho à la phase de transition vécue à l'époque par Redon. Celui-ci suggère par ailleurs cette transition par la ligne d'horizon au premier tiers du tableau, d'où émerge la figure géante qui, elle aussi, est en devenir : il est en effet difficile de déterminer s'il s'agit d'un homme ou d'une femme. Selon la notice du musée d'Orsay, il s'agirait d'un portrait de l'épouse de Redon, Camille.

La couleur n'est pas encore éclatante. Redon la qualifie d'ailleurs de « grise ». Toutefois, si les teintes sont pâles et discrètes, elles sont harmonieuses et extrêmement diluées, ce qui confère au portrait un aspect presque immatériel, brumeux, qui évoque le rêve et le voyage intérieur. Dans cette œuvre, on peut voir l'approche, tout en nuances, du pouvoir suggestif de la couleur. Le *sfumato* du fond nous fait penser à ceux de Léonard de Vinci, tandis que le traitement de la lumière au premier plan est d'une facture romantique rappelant les ciels d'Eugène Delacroix. Enfin, en ce qui concerne les traits du visage, Redon s'inspire du buste de *L'Esclave mourant* (1513-1515) de Michel-Ange (1475-1564), qu'il a eu l'occasion d'admirer au Louvre.

Cette œuvre est considérée comme l'archétype même de l'image symboliste et il s'agit de la première création d'Odilon Redon à entrer dans les collections nationales. Léonce Bénédite (1859-1925), directeur du musée du Luxembourg, la lui achète en 1904.

LE CHAR D'APOLLON

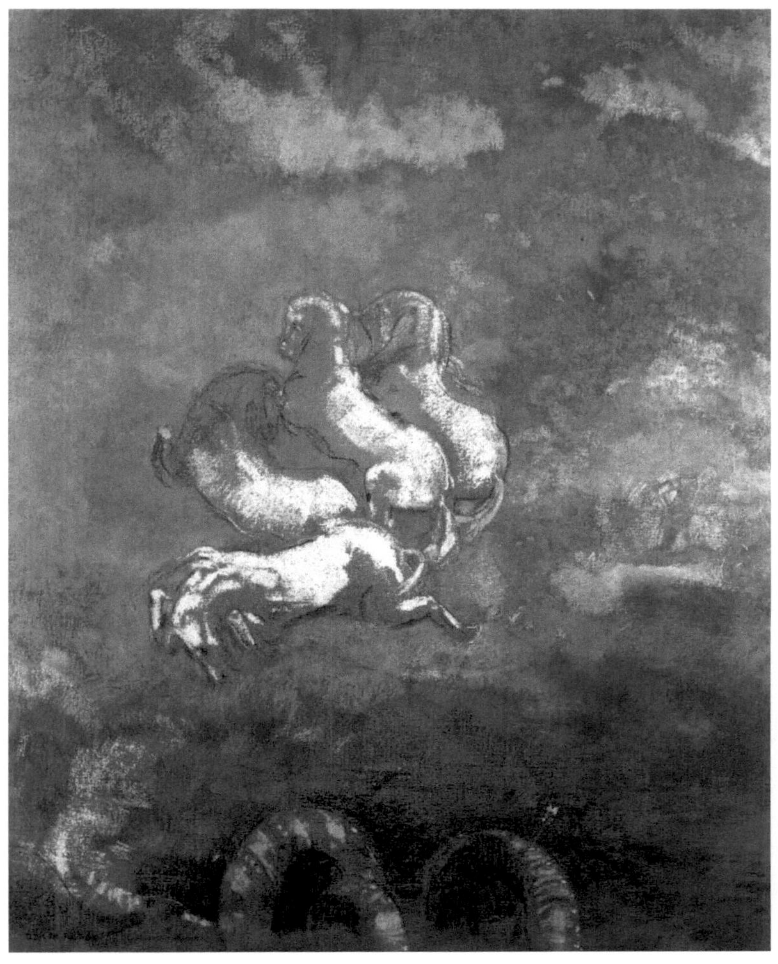

Le Char d'Apollon, 1905-1914, pastel et détrempe sur toile, 91,5 x 77 cm, Paris, musée d'Orsay.

En 1878, Odilon Redon découvre le plafond peint de la galerie d'Apollon au Louvre, réalisé par Eugène Delacroix en 1850-1851, qui met en scène le combat d'Apollon, dieu romain du soleil, contre le serpent Python, dont la mort permit de libérer la cité de Delphes. L'artiste est impressionné par la force du mouvement de la composition et par le traitement des couleurs. De cette découverte, il dira qu'il a vu « le triomphe de la lumière sur les ténèbres », « la joie du grand jour opposée aux tristesses de la nuit et des ombres ». La transformation intérieure qu'il vit depuis quelque temps trouve son plein essor avec cette véritable révélation. Dès lors, les sujets obsessionnels des Noirs cèdent définitivement leur place à des êtres de lumière.

Dès 1905, Redon reprend le thème du char d'Apollon, dont la légende raconte qu'il parcourait chaque jour le ciel, et le décline plusieurs fois en peinture et au pastel. Dans cette version issue des collections du musée d'Orsay, il ne conserve de l'œuvre de Delacroix que les quatre chevaux ainsi qu'une référence à Python dans le bas de la composition. Le dieu et son char ont disparu.

Ici, Redon peint non pas ce qu'il voit, mais bien ce qu'il ressent : un sentiment de légèreté, de liberté et d'espace. Ces sensations se traduisent par des couleurs chatoyantes aux accents extatiques qui noient dans la brume le serpent Python, incarnation du mal. L'élan vertical des chevaux, qui s'élève dans un ciel azuré et entraîne derrière lui un halo de lumière, doit être perçu comme l'ascension de l'artiste vers une plénitude finalement atteinte. Cette œuvre représente le triomphe du bien sur le mal, de la joie sur la tristesse qui habitait Redon quelques années auparavant. *Le Char d'Apollon* est auréolé d'un habile *sfumato* qui confère un effet brumeux à la composition, comme si l'ensemble était plongé dans une nébuleuse. Le monde représenté est ainsi associé au rêve, à la légèreté et à l'apaisement.

ODILON REDON, UNE SOURCE D'INSPIRATION

LES NABIS ET LES FAUVES

L'œuvre d'Odilon Redon, isolée de celle de ses contemporains, est une importante source d'inspiration pour les générations suivantes. Elle marque principalement les nabis et les fauves, mais également les surréalistes.

Le groupe des nabis (« prophètes » en hébreu) voit le jour en 1888 et se forme en réaction au réalisme et à l'impressionnisme, auxquels il reproche encore un académisme castrateur. Les nabis, parmi lesquels on trouve Paul Sérusier (1864-1927), Pierre Bonnard ou encore Maurice Denis (1870-1943), cherchent à donner une âme à la peinture, à la rendre vivante. Pour cela, ils développent un langage pictural essentiellement fondé sur la couleur. Leur art se caractérise par de grands aplats de couleurs pures qui ne sont jamais mélangées et se distinguent entre elles par des cernes noirs. Ce sont les couleurs elles-mêmes qui dessinent les formes en les simplifiant et en les schématisant pour aboutir à une peinture fantastique. Ainsi, la démarche des nabis se veut mystique, tout comme celle d'Odilon Redon, qui est présenté au groupe en 1899 par Maurice Denis. Ces artistes s'inspirent également de Redon dans leur rendu de la lumière, à laquelle ils confèrent une aura toute spirituelle.

Odilon Redon exerce aussi une influence directe sur les artistes fauves, par son traitement de la couleur. Le terme « fauvisme » naît en 1905 sous la plume du critique d'art Louis Vauxcelles (1870-1945). Représenté par des peintres tels qu'Henri Matisse, Maurice de Vlaminck (1876-1958) et André Derain (1880-1954), le groupe des fauves s'attache à exalter la couleur pure en rejetant la perspective et les valeurs de l'art classique. Inspirés par Redon, ils mettent ainsi en place un langage plastique entièrement fondé sur la puissance évocatrice de la couleur.

LES PRÉMISSES DU SURRÉALISME

On peut également voir dans l'œuvre de Redon les prémisses du surréalisme. Ce courant littéraire et artistique voit le jour en 1924 à l'occasion de la publication du *Manifeste du surréalisme* d'André Breton (1896-1966). Le point commun entre l'art de Redon et celui des peintres surréalistes réside dans l'importance nouvelle accordée à l'inconscient et dans la totale liberté d'esprit qui les amène à juxtaposer des éléments de la vie réelle et de la vie rêvée. Tout comme Redon avant eux, les surréalistes cherchent à exposer, dans leurs œuvres, la vérité psychologique, et ce en minimisant l'importance des objets ordinaires afin de créer des images qui s'éloignent de l'ordinaire et de la raison. Ainsi, René Magritte (1898-1967), l'un des principaux représentants du mouvement, crée des œuvres peuplées d'images insolites, par exemple *La Victoire* (1939) ou encore *Le Château des Pyrénées* (1959). D'autres artistes, notamment Salvador Dalí (1904-1984), utiliseront par la suite ce procédé dans leurs créations.

EN RÉSUMÉ

- Isolé de sa famille dès sa plus tendre enfance en raison d'une santé délicate, Odilon Redon, né en 1840, se réfugie dans un monde peuplé de rêveries et empreint de mélancolie et d'angoisse qui constituera la base de sa production. Toute sa carrière, l'artiste s'attache à représenter non pas ce qu'il voit, mais ce qu'il ressent, outrepassant la réalité tangible dans des œuvres qui voyagent jusqu'aux limites de l'inconscient.
- On distingue dans le parcours artistique de Redon deux grandes périodes : celle des Noirs, à partir de 1870, et celle de la couleur, qui débute vers 1890. Ces deux phases sont étroitement liées aux événements marquants de sa vie privée. Ainsi, l'arrivée de la couleur dans ses œuvres correspond à la naissance de son fils Arï.
- Dans les Noirs, qui regroupent des lithographies et des dessins au fusain où la couleur est totalement absente, Redon met en scène des personnages fantasmagoriques, bizarres ou hybrides dans un univers imaginaire sombre suggérant le cauchemar.
- Dans ses œuvres colorées, l'art de Redon subit une profonde métamorphose, comme si l'artiste s'était libéré des angoisses de son passé. Il abandonne alors le fusain, et découvre le pastel ainsi que la peinture à l'huile. Dans un premier temps, il transpose discrètement en couleurs les thèmes de ses Noirs, pour ensuite laisser éclater pleinement la couleur à partir de 1900 dans des œuvres aux sujets mythologiques et religieux.
- L'artiste développe également un symbolisme des couleurs : selon lui, chaque couleur traduit, en termes visuels, une impression intime. Autrement dit, il existe une association mentale entre les couleurs et les sentiments. En cela, Redon se rattache clairement à la démarche des symbolistes, même si le peintre reste définitivement inclassable.

- Enfin, l'œuvre d'Odilon Redon est une importante source d'inspiration pour les générations suivantes. Elle marque principalement les nabis et les fauves, mais également les surréalistes.

- 31 -

POUR ALLER PLUS LOIN

SOURCES BIBLIOGRAPHIQUES

- GIBSON (Michaël), *Redon*, Cologne, Taschen, 2011.
- LUCIE-SMITH (Edward), *Le Symbolisme*, Paris, Thames and Hudson, 1999.
- MELLORIO (André), *Odilon Redon, peintre, dessinateur et graveur*, Paris, H. Floury, 1923.
- MORAN (Claire), *Odilon Redon. Écrits*, Londres, Modern Humanities Research Association, 2005.
- *Odilon Redon*, catalogue d'exposition (Bordeaux, musée des Beaux-Arts de Bordeaux, 3 mars 2005-16 mai 2005), Versailles, Art Lys, 2005.
- *Odilon Redon*, catalogue d'exposition (Paris, musée d'Orsay, 16 octobre 2007-6 janvier 2008), Paris, musée d'Orsay, 2007.
- *Odilon Redon l'Expo. Prince du rêve. 1840-1916*, catalogue d'exposition (Paris, musée d'Orsay, 23 mars-20 juin 2011), Paris, RMN, 2011.
- REDON (Odilon), *À soi-même*, Paris, Éditions José Corti, 1961.
- SALE (Marie-Pierre), *Dessins d'Odilon Redon*, Milan, 5 Continents Éditions, 2007.
- SAULNIER (Emmanuel), *Odilon Redon*, Paris, éditions Argol, 2007.

SOURCES ICONOGRAPHIQUES

- REDON (Odilon), *L'araignée, elle sourit, les yeux levés*, 1881, fusain sur papier, 49,5 x 39 cm, Paris, musée d'Orsay. La photo reproduite est réputée libre de droits.
- REDON (Odilon), *Le Bouddha*, 1906-1907, pastel sur papier, 90 x 73 cm, Paris, musée d'Orsay. La photo reproduite est réputée libre de droits.

- REDON (Odilon), *Le Char d'Apollon*, 1905-1914, pastel et détrempe sur toile, 91,5 x 77 cm, Paris, musée d'Orsay. La photo reproduite est réputée libre de droits.
- REDON (Odilon), *Les Yeux clos*, 1890, huile sur toile marouflé sur carton, 44 x 36 cm, Paris, musée d'Orsay. La photo reproduite est réputée libre de droits.
- REDON (Odilon), *L'œil comme un ballon bizarre se dirige vers l'infini*, 1882, lithographie sur chine appliqué sur vélin, 26,2 x 19,8 cm, Paris, Bibliothèque nationale de France, département des estampes et de la photographie. La photo reproduite est réputée libre de droits.

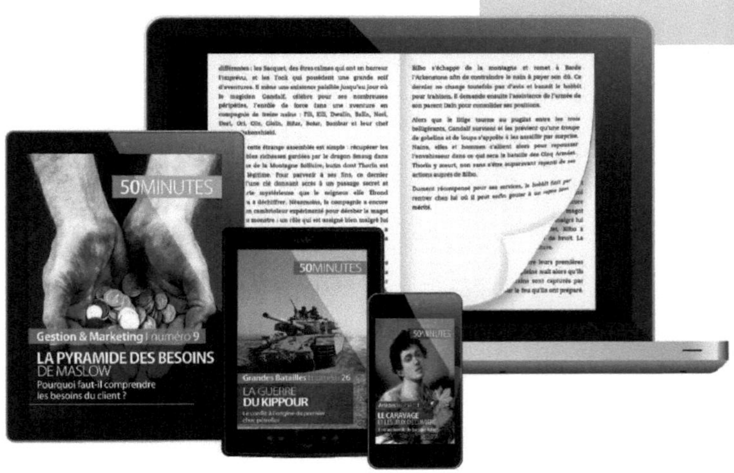

50MINUTES

Art & Littérature

Business & Econom

Histoire & Société

SOYEZ LÀ
OÙ ON NE VOUS ATTEND PAS !

www.50minutes.com

© 5OMINUTES, 2015. Tous droits réservés. Pas de reproduction sans autorisation préalable.
5OMINUTES est une marque déposée.

www.50minutes.com

Éditeur responsable : Lemaitre Publishing
Rue Lemaitre 4 | BE-5000 Namur
info@lemaitre-editions.com

ISBN ebook : 978-2-8062-5822-9
ISBN papier : 978-2-8062-5823-6
Dépôt légal : D/2015/12603/120
Photo de couverture : © *Le Bouddha*, 1906-1907, par Odilon Redon.

Conception numérique : Primento,
le partenaire numérique des éditeurs